¡MI COMUNIDAD!
MY COMMUNITY!

written by escrito por
123 Andrés

illustrated by Ilustrado por
Mónica Paola Rodríguez

SCHOLASTIC INC.

Photos © Salsana, LLC. Photography by: David Rugeles (back cover) and Darío Treviño (32).

4 5 6 7 8 9 10 40 30 29 28 27 26 25 24 23

Scholastic Inc., 557 Broadway, New York, NY 10012

123
¡MI COMUNIDAD!
Mi comunidad tiene muchos ayudantes que trabajan sin parar.
MY COMMUNITY!
My community has lots of special people helping you and me.

¡MI COMUNIDAD!

Mi comunidad tiene muchos ayudantes que trabajan sin parar.

MY COMMUNITY!
My community has lots of special people helping you and me.
125

En mi comunidad hay unas personas muy especiales. ¡Les voy a contar acerca de ellas!

Look! My community is full of helpers. I want to tell you about some of them.

Cuando hay que apagar el fuego,
When a building catches fire,
¡Es una emergencia!
Call 9-1-1!

¡pronto vienen los bomberos!
you can hear the firefighters!
123 st
¿Oyes la sirena?
They'll save everyone!

Cuando voy a la escuela,
When I walk to school each morning,
¡Cruza la calle con cuidado!
Who will stop the cars?

hay una guardia
que me espera.
someone's at the
corner waving.
¡Ella detiene
los carros!
It's the
crossing guard!

¡MI COMUNIDAD!
Mi comunidad tiene muchos ayudantes
que trabajan sin parar.

MY COMMUNITY!

My community has lots of special people helping you and me.

¡MI COMUNIDAD!

Mi comunidad tiene muchos ayudantes que trabajan sin parar.

MY COMMUNITY!

My community has lots of special people helping you and me.

Los bomberos, la guardia de cruce... ¿qué otros ayudantes hay en nuestra comunidad?

Firefighters, crossing guards... who else is helping in our community?

Cuando te mandan una carta,
When someone sends you a letter,
¡Es de mi abuela!
From Grandma? I want to see!

¿quién te la lleva a la puerta?
whose job is it to deliver it?
¡Fue el cartero!
The mail carrier brought it to me!

Cuando yo estoy enferma
o cuando siento dolor,

When I feel sick or I get hurt,

me cuida la
enfermera.

I go to see
the nurse.

¡MI COMUNIDAD!

Mi comunidad tiene muchos ayudantes que trabajan sin parar.

MY COMMUNITY!

My community has lots of special people helping you and me.

¡MI COMUNIDAD!

Mi comunidad tiene muchos ayudantes que trabajan sin parar.

MY COMMUNITY!

My community has lots of special people helping you and me.

Hay muchos ayudantes de la comunidad,

There are so many helpers in my community,

como el conductor de bus, que nos lleva a muchos lugares.

like the bus driver who takes us to lots of places.

CIRCLE
CÍRCULO
OVAL
ÓVALO
TRIANGLE
TRIÁNGULO
SQUARE
CUADRADO
RECTANGLE
RECTÁNGULO
TRAPEZOID
TRAPEZOIDE
PENTAGON
PENTÁGONO
HEXAGON
HEXÁGONO
OCTAGON
OCTÁGONO
Mm
Música / Music

¡MI COMUNIDAD!
MY COMMUNITY!
¡También está mi maestra! Ella me ayuda en la escuela.
And my teacher, who helps me at school.

¡Gracias a los ayudantes de la comunidad!
Thank you, community helpers!

¡MI COMUNIDAD!
MY COMMUNITY!
123
123

¡Conoce a los ayudantes de tu comunidad!
Meet Some Community Helpers!

Hay muchos tipos de ayudantes en una comunidad. Sigue leyendo y descubre más sobre algunos de los que aparecen en este libro. ¿A cuáles has visto trabajar en tu comunidad?

There are many kinds of community helpers. Read on to find out more about some of the ones you saw in this book. Which ones do you have in your community?

Bomberos

Casco, guantes, botas, manguera, hacha, camión... Los bomberos apagan incendios, y guardan sus herramientas en la estación de bomberos. ¡Siempre están listos para ayudar!

Firefighters

Helmet, gloves, boots, hose, ax, truck! These helpers use lots of special tools to fight fires. They keep them at the fire station, ready to go!

Guardias de cruce

Los peatones son personas que van a pie. Los guardias de cruce se aseguran de que los peatones puedan cruzar las calles con seguridad.

Crossing Guards

Pedestrians are people crossing the street with their feet. These helpers make sure that everyone walking across a busy intersection can do it safely.

Recolectores de basura

Es importante mantener limpia nuestra comunidad. Los recolectores llevan nuestra basura y reciclaje al relleno sanitario o al centro de reciclaje.

Garbage Collectors

It's important to keep our communities clean. After we put recycling and garbage in the bins, these helpers haul them to the recycling center or landfill.

Trabajadores de construcción

Cuando necesitamos construir o reparar edificios, carreteras y puentes, los trabajadores de construcción saben cómo hacerlo. Trabajan con cuidado y de manera segura.

Construction Workers

When we need new buildings, roads, and bridges, or repairs to old ones, these helpers are the ones to call! They know just how to do it safely.

Cajeros

Cuando vamos a una tienda a comprar algo, los cajeros nos ayudan a contar los productos que llevamos y a saber cuánto debemos pagar.

Cashiers

Before we can take things home from the store, we always visit these helpers. They help us count what we want to buy so we can pay just the right amount.

Mecánicos

¡Los autos y las máquinas son su especialidad! Cuando se descomponen, los mecánicos saben repararlos para que vuelvan a funcionar sin problemas.

Mechanics

Cars and machines are these helpers' specialty. Whenever one breaks down, they can help you fix it so that it is safe to use again.

Carteros

Cartas, paquetes, revistas y más. Los carteros se encargan de que el correo llegue a su destino. Lo llevan a otras ciudades, ¡y países en el mundo entero!

Mail Carriers

Mail can be letters, packages, magazines, and more. These helpers make sure it gets to the right people, across cities, countries, and even the world!

Enfermeros

Se dedican a proteger nuestra salud, ya sea durante un chequeo médico, cuando nos duele algo o cuando estamos enfermos. ¡Les encanta ayudar!

Nurses

Nurses know many ways to keep us healthy and safe. We can visit them for a checkup, if we get hurt, or when we're sick. They love to help!

Artistas

Los artistas trabajan con pintura, tiza, carbón, arcilla… ¡y hasta piedra! Ellos crean cosas hermosas y nos ofrecen una nueva manera de ver el mundo.

Artists

Artists can work with paint, charcoal, chalk, clay, or even stone! Their work can make things more beautiful and give us a new way to see the world.

Trabajadores agrícolas

Fresas, duraznos, tomates ¡y más! Dependemos de estos ayudantes que cultivan, cosechan y empacan los deliciosos alimentos que comemos.

Agricultural Workers

Sweet strawberries, juicy peaches, tomatoes, corn, beans, and more! These helpers work hard every day to grow, pick, and deliver delicious food for us to eat.

Intérpretes y traductores

Estos ayudantes escuchan o leen un mensaje para luego compartirlo en otro idioma para que todos nos podamos comprender y comunicar.

Interpreters and Translators

These helpers listen to or read a message, then share it in a different language, giving everyone an equal chance to understand and communicate

Músicos

Los músicos interpretan canciones que entretienen y enseñan. ¡A veces también crean canciones nuevas!

Musicians

Musicians perform songs that entertain or teach others. Sometimes they create new songs, too!

Conductores de autobús

¡Ellos recorren largas distancias cada día! Conocen bien las rutas para que sus pasajeros lleguen seguros y a tiempo a su destino.

Bus Drivers

These hard workers drive many miles every day! They memorize route maps and do their best to ensure the bus and its riders are safe and on time.

Maestros

Los maestros nos ayudan a aprender cosas nuevas, como leer y contar. También nos ayudan a practicar para hacerlas cada vez mejor.

Teachers

Teachers help us learn new things, like reading and counting. They also help us practice so we can do them even better.

¿Qué otros tipos de ayudantes hay en tu comunidad?

What other kinds of helpers are there in your community?

¡Leamos, cantemos y hablemos!

¡Cada día haces muchas cosas maravillosas por tus niños! Cada vez que leen, cantan o hablan juntos estás estimulando el desarrollo de su cerebro.

Este libro te ofrece otra ocasión para cantar y hablar juntos. Estas son otras ideas divertidas para la comunidad:

1. La hora del cuento musical

Escanea el código QR para escuchar las canciones mientras leen. O dejen el libro ¡y pónganse a bailar!

2. Lectura comunitaria en voz alta

Disfruten de esta historia de la comunidad... ¡como comunidad! Inviten a amigos y vecinos a escuchar la lectura del libro y las canciones. ¡Sigan con una fiesta musical! En línea encontrarás más canciones en 123andres.com.

3. ¡Muchas gracias!

Ayuda a los niños a dibujar o escribir una nota de agradecimiento para uno de los ayudantes de la comunidad, para decirle lo mucho que aprecian el trabajo que hace.

4. El libro de tu comunidad

Hagan una lista de todos los ayudantes de la comunidad que conozcan. Pide a tus niños que dibujen o escriban (o dicten) sobre el trabajo que hace cada ayudante y su nombre si lo saben.

Read, Sing, and Talk Together!

You do so many amazing things for your child every day! Each time you read, sing, or talk together, you help his or her incredible brain grow.

Books are just one way to talk and sing together. Here are some more ways to learn about and have fun with community:

1. Musical Story Time

Enjoy this book with music by scanning the full-sized QR code on the next page to access the songs.

2. Community Read Aloud

Enjoy this community story... as a community! Invite friends and neighbors to listen as you read the book and play the songs. Finish with a music party! You can find even more songs at 123andres.com.

3. Thank you!

Help your child draw or write a thank-you note to helpers in your community, telling just how much you appreciate them and their work.

4. Your Very Own Community Book

Together, list all of the community helpers you encounter every day. Then have your child draw pictures and or write (or dictate to you) about each helper's job title, or name if you know it.

Two Languages, One Idea The words in this book come from one of our songs—in English and Spanish. You can read only the Spanish words, only the English words, or you can read in both languages. The two songs are not meant to be exact translations of each other. Instead, this song shows how we can use two different languages to share the same idea.

Dos idiomas, una misma idea El texto de este libro viene de una de nuestras canciones, en español y en inglés. Diseñamos el libro para que lo puedan leer solo en español, solo en inglés o en los dos idiomas a la vez. Las dos canciones no son traducciones exactas, sino que quisimos expresar la misma idea en dos idiomas diferentes.

¡Hola, amigos!

Somos Christina y Andrés, y juntos somos **123 Andrés**. Como músicos y artistas, ayudamos a nuestra comunidad creando canciones e historias, en español y en inglés. Pero también hemos ayudado de otras maneras.

Andrés dice: Mientras era estudiante de música en la universidad, trabajé como salvavidas en una piscina (alberca). También trabajé en una biblioteca, ayudando a las personas a encontrar libros.

Christina dice: Antes de formar parte de 123 Andrés, fui maestra. Hay muchas formas de ayudar a los demás.

¡Gracias por cantar y leer con nosotros! Visítanos en 123andres.com.

123 ANDRÉS

Hi, Friends!

We're Christina and Andrés. Together we are **123 Andrés**. As musicians and artists, we get to help our community by creating songs and stories in Spanish and English. But we've also helped in other ways!

Andrés says: When I was in college studying music, I was a lifeguard at a swimming pool. I also worked at a library, helping people check out books.

Christina says: Before being part of 123 Andrés, I was a teacher. There are many ways to help others.

Thanks for singing and reading with us! Learn more about us at 123andres.com.

¡Lee al ritmo de la música! Este libro, además de ser un cuento, también es una canción. Sigue estos pasos para acceder a la música ¡y leer, cantar o bailar con ella! En un smartphone, una tableta o una computadora:

1. Abre el lector de códigos QR (como Google Lens de Android o Camera de Apple) o descarga un lector QR y ábrelo.
2. Enfoca la cámara en el código QR. Tal vez debas pulsar el botón de la cámara.
3. Espera a que se abra el enlace o toca la ventana emergente.
4. ¡A leer, cantar y bailar!

Scan the QR code with a smart device to access:
Escanea el código QR desde un dispositivo inteligente para acceder a:
https://bit.ly/3sMBVhw

Read to the music! This book is a story and a song. Follow these steps to access the music—then read, sing, or dance along! If you are on a smartphone, tablet, or computer:

1. Open your QR code reader (e.g., Android's Google Lens or Apple's camera), or download a QR code reader app from the app store and open it.
2. Point your camera at the QR code. You may need to tap the camera button.
3. Wait for the link to open, or tap the pop-up you see.
4. Enjoy!